Ulrich Janßen • Ulla Steuernagel

Die Kinder-Uni

Warum ist
die Schule doof?

Ulrich Janßen • Ulla Steuernagel

Warum ist die Schule doof?

Mit Illustrationen von

Klaus Ensikat

Deutsche Verlags-Anstalt
München

Wer geht schon gerne zur Schule, außer ein paar Grundschülern und Strebern? Die meisten Schülerinnen und Schüler antworten auf die Frage, wie sie Schule finden, ohne lange zu überlegen mit einem Wort: doof! Das scheint zur Schule zu gehören wie die große Tafel, der stinkende Schwamm, das kleine Einmaleins und das Alphabet. Nur eines übertrifft die Doofheit der Schule noch: Das sind die Hausaufgaben.

Auf die Schulzeit scheinen die meisten lieber zurückzublicken als mittendrin zu stecken. Hinterher erinnert man sich ja ganz gerne an diese Zeit zurück. Dann ist nur noch von den tollen Streichen oder den lustigsten Lehrer-Versprechern die Rede. Und es werden kleine Heldengeschichten erzählt – fast jeder kennt eine von der Sorte, die lautet: Wie ich es einmal gerade noch schaffte, mich aus einer peinlichen Situation herauszuwinden. Dass man in der Schule so ganz nebenbei auch etwas lernt, wer redet eigentlich davon? Wir wollen es nun genauer wissen: Ist die Schule wirklich so doof?

In Deutschland gilt das Gesetz der Schwer-
kraft, der Energiesatz und das Gesetz vom Fall
der ›Butterbrote auf die Marmeladenseite‹ wie
überall auf der Welt. Aber es scheint hier auch
ein Naturgesetz zu geben, das anderswo nicht
gilt: Schule, so meint man in Deutschland, ist
etwas, was man morgens um halb acht Uhr
betritt und mittags völlig gestresst nach sechs
Stunden Unterricht wieder verlässt. Im Kopf
nur noch den einen Gedanken: Gut, dass der
Unterricht vorbei ist. Die deutsche Normalschule ist in mancher Beziehung doof: Ihre
Lehrer können noch so gut und ihre Schüler
noch so intelligent sein, diese Schule ist einfach schlecht organisiert.

Deutsche Schulen, das findet Hans-Ulrich
Grunder, bräuchten mehr Zeit, und sie
bräuchten andere Räume fürs Lernen und
Leben. Warum gelten Hohlstunden hier als
Panne? Sie sind doch gerade wichtig. Sie lassen Luft in die Schule und Zeit zwischen den
verschiedenen Fächern. Warum die Unterrichtsfächer sich alle 45 Minuten ablösen, dafür gibt es eigentlich auch keinen einleuchten-

den Grund. Erstaunlich, dass trotzdem so viele Kinder immer noch gern zur Schule gehen. Und wenn man nach ihrem ersten »Doof« weiter fragt, geben sie das auch zu. Ebenso sind zwei Drittel der Lehrer von ihrem Beruf überzeugt und würden wieder Lehrer werden wollen. Vielleicht ist Schule insgeheim ja doch nicht so doof.

DIE IDEE VON KINDHEIT

Bis vor etwa dreihundert Jahren war es völlig normal, dass die Kinder überall dort waren, wo die Erwachsenen waren. Auf Gemälden früherer Zeiten fallen die Kinder kaum auf. Sie unterscheiden sich höchstens in der Größe von den Erwachsenen, ihre Proportionen gleichen denen der Großen, ihre Kleidung erscheint erwachsen und ihre Muskeln sind genauso ausgeprägt wie die von Erwachsenen. Auch Spielzeug für Kinder gab es so gut wie keins. Am Hof spielten die Erwachsenen genauso damit wie die Kinder. Umgekehrt war es normal, dass Drei- oder Vierjährige schon mit Pfeil und Bogen schossen.

Warum muss man überhaupt in die Schule gehen?

Die Schule ist entstanden, als es nicht mehr genügte, dass der Sohn beim Vater und die Tochter bei der Mutter lernte. Lange Zeit war es üblich, dass die Kinder einfach das taten, was die Eltern taten. Also wurde der Sohn des Schuhmachers ebenfalls Schuhmacher. Die Tochter guckte sich derweil von der Mutter ab, was sie fürs Leben brauchte: kochen, kehren, Kinder hüten und all das andere. Die Mitarbeit bei den Eltern begann schon in ganz jungen Jahren. Deshalb sagt man auch, in früheren Jahrhunderten habe es keine Kindheit gegeben.

Natürlich gab es damals Kinder so gut wie heute, aber deren Alltag unterschied sich kaum vom Alltag der Eltern. Die Kinder lernten durch Arbeit, da konnten sie nicht nach sechs Schulstunden den Ranzen packen und sich auf ihre Freizeit freuen. Sie trugen den Ranzen gewissermaßen den ganzen Tag auf dem Rücken, ihre Lebensschule kannte weder einen 45-Minuten-Rhythmus, noch schloss sie mittags.

Vater und Mutter gaben also direkt an ihre Nachkommen weiter, was sie wussten und konnten – so viel, aber auch nicht mehr. Und wenn es immer so weitergegangen wäre, hätte noch heute jede Familie eine Art Familienberuf. Die einen würden immer nur Schuhe reparieren oder Körbe flechten, die anderen immer nur Tische schreinern oder Bauer sein. Die Frauen wären im Haushalt und in der Landwirtschaft tätig und nebenbei noch Mütter. In der geburtsständischen Gesellschaft war alles klar vorgezeichnet. Allein die Geburt, also die Familie, in die man hineingeboren wurde, entschied darüber, was man tat und welchen Platz man im Leben einnahm. Ein Bauer blieb ein Bauer, und ein Adeliger heiratete keine Bürgerliche. Die Gesellschaft war streng geteilt. Man konnte in ihr weder groß aufsteigen, also mehr Anerkennung oder einen besser bezahlten Job bekommen, noch groß absteigen. Man kann sich vorstellen, dass damit zwar Sicherheit,

aber auch ein Haufen Ungerechtigkeiten ver-
bunden war.

Was das Wissen und die Ausbildung anging,
trat man also auf der Stelle. Hinterm Feld war
die Welt zu Ende. Warum und wie sich die
Anforderungen an die Bildung irgendwann än-
derten, ist nicht einfach zu erklären, denn dafür gab es ein ganzes Knäuel von Gründen,

vielleicht sogar mehrere miteinander verknotete Knäuel. Das Zusammenleben der Menschen wurde komplizierter. Es gab bahnbrechende Erfindungen wie den Buchdruck, den mechanischen Webstuhl oder die Eisenbahn. Ganz neue Berufe entstanden, aus kleinen Handwerksbetrieben wurden Fabriken, und die Menschen mussten mobiler werden. Und außerdem ist ja nicht garantiert, dass Kinder die Abziehbilder ihrer Eltern sind. Der Kunsttischler mühte sich vielleicht redlich, aber vergebens, seine Fähigkeiten an den Sohn weiterzugeben, denn der hatte vom Bruder der Mutter vielleicht zwei linke Hände, dafür aber eine außergewöhnliche Fähigkeit zum Rechnen geerbt.

Was aber sollte aus all den schlummernden Talenten werden? Die Eltern erkannten sie oft nicht einmal, und von Fördern konnte erst recht keine Rede sein. So gingen viel Wissen und Fertigkeit flöten. Mit den Schulen und ihren speziell ausgebildeten Lehrern konnte mehr Wissen von Generation zu Generation getragen werden als auf dem familiären Weg.

Wie bitte, die Schule eine Jahrhundert-Erfindung?

Nun darf man sich die Entwicklung der Schule nicht so vorstellen, dass jemand einen Plan ausgetüftelt hätte, so oder anders ist es besser für die Menschen. Genauso wenig wie jemand darüber nachgegrübelt hat, wie man Kinder am besten ärgern oder quälen kann. Veränderungen in der Gesellschaft werden meist an vielen Orten und aus vielen Rich-

DER KUCHEN DER KÖNIGIN

Der Adel lebte in Saus und Braus, und das Volk hungerte. Marie Antoinette, die Frau des französischen Königs Ludwig XVI., hatte keinen Schimmer vom Elend ihrer Untertanen oder wollte einfach nichts davon wissen. Als man ihr mitteilte, das Volk habe kein Brot mehr, antwortete sie nur: Na, dann soll es eben Kuchen essen.

tungen gleichzeitig angeschubst. Manchmal aber kommt richtig Tempo in die Sache, da überstürzen sich die Ereignisse, und es kann sein, dass eine Gruppe der Gesellschaft auf eine andere losgeht.

So war es in der Zeit der Französischen Revolution. Vor über 200 Jahren also. Die Mächtigen dieser Jahre, die Adeligen, verbrachten ihre Tage mit blöden Spielchen. Mit Gemeinheiten, Eifersüchteleien, Eitelkeiten und Verschwendung vertrieben sie sich die Zeit. Auch das Quälen von Dienstboten und Untertanen gehörte zu den beliebten Mitteln gegen die Langeweile. Die Elite war zu einer Gruppe von Schmarotzern, dummen und gelangweilten Reichen verkommen. Der Bildungsvorsprung, den der Adel einmal hatte, war dahin. Trotzdem verhinderte das starre, eben geburtsständische Schema der Gesellschaft, dass andere, fähigere Leute hochkamen. Freiheit, Gleichheit, Brüderlichkeit sollte aber möglich werden. In Frankreich nahmen Bürger und Bauern allen Mut zusammen und stürmten die Adelspaläste. In Deutschland debattierten kluge Männer über die Unmündigkeit des Volkes und verlangten nach mehr Aufklärung und Bildung. Aufklärung hatte in damaliger Zeit nichts mit Sexualität und Körper zu tun, es ging um Geist und Vernunft. Jeder, nicht nur der Sohn des Königs, auch der des armen Schusters, sollte ein Recht darauf haben, etwas zu lernen, ein Recht auf Bildung.

Die Forderung nach einer allgemeinen Schulpflicht war alt, schon 1619 war sie erstmals laut geworden, aber dass sie Wirklichkeit werden könnte, schien unglaublich. Nicht mehr die Geburt sollte den Platz in der Gesellschaft bestimmen, sondern die Fähigkeiten und das Wissen jedes Einzelnen. Der Schusterssohn sollte auch Arzt werden können und die Schusterstochter vielleicht auch mal etwas anderes tun als ihre Mutter. Bis die Schusterstochter sich allerdings aus ihrer festgefügten Rolle befreien konnte, dauerte es länger als bei ihrem Bruder. Erst zu Beginn des 20. Jahrhunderts wurden Mädchen zum Abitur oder zum Studium zugelassen. Noch

DER BUCHDRUCK

Mit der Erfindung des Buchdrucks begann sich die Welt zu verändern. Vorher hatte man die Bücher mühsam handschriftlich abgeschrieben, nun konnte man sie viel schneller vervielfältigen. Mit den Büchern wurde das Lesen wichtig. Da die Menschen nicht mit der Fähigkeit zum Lesen oder Schreiben auf die Welt kommen, sollten sie es nun lernen. Die Zahl der Schulen stieg (in England beispielsweise von 34 im Jahr 1480 auf 444 im Jahr 1660). Und durch die Schulen konnten die Kinder nicht mehr so in das Arbeitsleben der Eltern eingespannt werden wie früher. Die Schule erschuf also auch die Kindheit mit.

heute haben Mädchen nicht die gleichen Karriere-Möglichkeiten wie die Jungen.

In gewisser Weise hatte es schon viel früher Schule gegeben, aber sie stand immer nur ausgewählten Kreisen offen. In Tibet gab es Klosterschulen und bei den Griechen vor mehr als zwei- bis dreitausend Jahren Eliteschulen. Doch die Schule für alle als staatliche Einrichtung kam in Deutschland erst vor ungefähr 200 Jahren in Schwung. Zunächst in den größeren Städten, dann auch auf dem Land. Über die Schulpflicht hatte man schon lange gestritten und diskutiert. Aber erst vor

---

LOHNSCHREIBER

Da schreibt jemand einen Liebesbrief und überlegt sich insgeheim, ob er wohl seine nächste Stromrechnung zahlen kann. Nicht nur in früheren Zeiten, auch heute gibt es Lohnschreiber. In Mexiko beispielsweise können trotz Schulpflicht immer noch zehn Prozent der Bevölkerung weder lesen noch schreiben. Wenn sie also einen Brief an die Liebste oder den Liebsten schicken wollen, gehen sie zu einem Auftragsschreiber. Liebesbriefe sind, das versteht sich fast von selbst, teurer als Beschwerdebriefe oder Abschriften vorformulierter Geschäftspost.

---

knapp 100 Jahren wurde der Schulbesuch verbindlich und für alle Pflicht. Das Komische war, gerade diejenigen, denen die Schule besonders nützen sollte, die Landbevölkerung, wehrte sich heftig dagegen. Warum nur? Wollten die Bauern etwa nicht, dass ihre Kinder lesen und schreiben lernten? Es hatte einen anderen Grund: Die Schule stahl den Eltern die Kinder. Die Eltern brauchten sie aber als Arbeitskräfte, als Hilfen bei der Feld- und Erntearbeit. Und wozu sollten die Kinder unnütz in der Schule herumsitzen, wenn sie sowieso Bauern werden sollten wie die Eltern? Heute kann man gut in der Schule sitzen und sich alle möglichen Berufe für später ausden-

ken. Man kann davon träumen, Landwirtin zu werden oder Friseur, Tiefseetaucher oder Präsident.

Gemessen an der schweren Feldarbeit, ähnelte die Schule für die Kinder damals schon

> ## DIE VERBOTENE SCHULE
>
> In Afghanistan verbot die frühere streng islamistische Taliban-Regierung Mädchen den Schulbesuch. Bildung galt hier geradezu als Aufforderung zum Ungehorsam. Die Hilfsorganisation Shuhada mit der afghanischen Ärztin und Frauenrechtlerin Sima Samar an der Spitze richtete heimlich Mädchenschulen oder -klassen in Privathäusern ein. Eigentlich war Sima Samar damit eine Todeskandidatin. Doch erstaunlicherweise gelang es dieser mutigen Frau durch ihr Verhandlungsgeschick und ihre Bereitschaft, Zweckbündnisse einzugehen, viele der Schulen am Leben zu halten.

ein bisschen dem Faulsein und war geradezu erholsam. Darüber wird in Büchern berichtet. Ob die Kinder deshalb gerne in die Schule gingen, ist jedoch noch lange nicht gesagt. Die Schule war eine Möglichkeit, von zu Hause wegzukommen, wo nicht selten zehn und mehr Geschwister auf engstem Raum und unter der Knute eines gewalttätigen Vaters lebten. Die Schule war so gesehen das kleinere Übel.

Wurden die Lehrer für Grausamkeiten ausgebildet?

In den Klassen tummelten sich manchmal 200 Kinder. In den Zwergschulen auf dem Land saßen sowieso Kinder jeden Alters in einem Raum. Sicher war das nichts für lärmempfindliche Ohren. Der Lehrer oder die Lehrerin waren hier mehr Dompteure als Erzieher. Sie hatten auch nicht an der Universität studiert wie die Lehrer heute. Meist gingen sie im Alter von sechzehn Jahren auf eine Lehrerschule. Ein Jahr Ausbildung genügte, und schon wurden sie auf die Kinder losgelassen. Neben der Schule mussten sie auch

STRAFAKT I

In einer Schrift von 1796 lässt der Theologe und Pädagoge Christian Gotthilf Salzmann einen erfahrenen Lehrer beschreiben, wie man einen Schüler am besten bestraft. Wichtig sei, die Vollstreckung der Strafe möglichst lange hinauszuzögern, sagt dieser. »Ich schlage ihn nicht in dem Augenblick, da er die Strafe verdient hat, sondern verschiebe es bis zum folgenden oder bis auf den dritten Tag.«

noch anderen Tätigkeiten nachgehen, sonst wären sie verhungert. Da sie die seltene Fähigkeit zum Schreiben besaßen, durften sie oft den amtlichen Schriftverkehr und die Liebesbriefe eines ganzen Dorfes erledigen. Sie schwangen die Feder nur gegen Bezahlung, versteht sich.

Die Lehrer hatten es damals wirklich nicht leicht. Doch in einer Beziehung hatten sie völlig freie Hand: bei der Bestrafung der Kinder.

Strafen, die einen Lehrer heute ins Gefängnis bringen würden, waren normal. Die normalste aller Strafen waren Schläge mit einem Weidenzweig in die geöffnete Handfläche. Das tat höllisch weh, denn die Weide ist sehr elastisch und das Nachfedern verstärkt den Schmerz. Oft mussten die Kinder die Zweige vorher eigenhändig abschneiden. Sie waren also gezwungen, ihr Foltergerät selber herzurichten. Kinder, die der Lehrer als unartig oder faul ansah, bekamen Kopfnüsse von der Lehrerfaust verpasst. Manche Lehrer ließen ihre Schüler mit nackten Beinen auf getrock-

STRAFAKT II

Und wie die Straf-Vollstreckung im Jahr 1796 weiter verlief? »Erst wenn die Schule geendigt ist, lasse ich den kleinen Sünder hervortreten, kündige ihm sein Urteil an und frage ihn, ob er wisse, womit er es verdient habe? Hat er dieses gehörig beantwortet, so zähle ich ihm in Gegenwart sämtlicher Schulkinder seine Schläge zu, wende mich dann an die Zuschauer und sage, wie ich herzlich wünsche, daß dies das letzte Mal gewesen sein möge, da ich genötigt gewesen wäre, ein Kind zu schlagen.«

neten Erbsen knien oder auf spitzen Holz-
scheiten. Nach ein paar Minuten konnte dem
Opfer vor Schmerz richtig schwindelig werden. An den Ohren oder an den Haaren ge-
zogen zu werden oder blutige Knüffe einzu-
stecken war für die Kinder im Schulalltag
normal. In alten Büchern liest man Erinne-
rungen an die Schulzeit, die wie Geschichten
aus der Folterkammer klingen. Nun waren
nicht alle Lehrer – und die Lehrerinnen noch

weniger – Folterknechte, aber die Sitten waren gewiss rauer als heute.

Die Lehrer waren Meister der großen und kleinen Grausamkeiten. Die Kinder vor ihren Mitschülern lächerlich zu machen gehörte zum Schulalltag. Mancher hätte vielleicht sogar lieber Schläge eingesteckt als vor versammelter Klasse mit einer Eselsmütze gesessen. Denn die Eselsohren ließen keinen Zweifel daran, dass unter ihnen ein Dummkopf stecken musste. Eine andere Art der Demütigung war das In-der-Ecke-Stehen mit

SUMMERHILL

Dieser Name steht für die wohl ungewöhnlichste Schule der Welt. Sie wurde 1924 von Alexander S. Neill in England gegründet. Neill ging als Pädagoge immer von dem Guten im Kind aus, Disziplin und Zwang seien also überflüssig. Es gibt nur wenig feste Regeln in Summerhill. Eine davon lautet, der Unterricht ist freiwillig. Wenn Kinder Dinge uninteressant finden, müssen sie sie nicht lernen. Kunst, Tanz und Theater sind genauso wichtig wie die herkömmlichen Unterrichtsfächer.

Blick zur Wand, es hielt sich hartnäckig bis in die jüngste Zeit hinein. Viel schlimmer als heute war auch der Meldebrief an die Eltern. Damals stand einfach fest, der Lehrer hat immer Recht. Und der Bestrafung in der Schule folgten die Prügel zu Hause auf dem Fuße.

Auch im Elternhaus packte man die Kinder strenger an als heute. Allerdings entwickelte die Schule ihre besonderen Methoden und Spezialitäten, wie die Schläge mit dem Lineal, das der Lehrer ja immer gleich zur Hand hatte, oder der Wurf mit dem Tintenfass. Andere Strafen wie Nachsitzen oder Strafarbeiten haben sich bis heute gehalten.

Ohne Strafen kommt die Schule wohl immer noch nicht aus. Doch mittlerweile beherzigen viele Lehrer eine Regel: dass man nämlich Kinder und Jugendliche nicht noch über die Strafe hinaus vor ihren Altersgenossen lächerlich machen sollte. In Summerhill, so heißt eine Schule, die vor mehr als achtzig Jahren ganz neuen Wind in die Schullandschaft brachte, wurde als schlimmste aller Strafen der Nachtisch gestrichen. Eine Strafe, die jeder mit sich selbst ausmachen kann, ohne dabei das Gesicht zu verlieren. Kinder haben einen feinen Instinkt. Das sieht man, wenn sie als Streitschlichter eingesetzt sind. Da haben sie oft die besten Ideen, wie sich jemand beim anderen entschuldigen kann, ohne seine Würde zu verlieren.

Können Schulen auch gute und schlechte Noten bekommen?

Wenn Schüler gefragt werden, was sie an der Schule stört, heißt es oft als erstes: die Hausaufgaben, wir kriegen viel zu viele Hausaufgaben auf. Kein Lehrer kümmere sich darum, was die Kollegen den Schülern schon aufgebrummt haben. Jedes Fach stehe für sich: Meines gegen alle, diese Einstellung haben manche Lehrer.

Was die Kinder ebenfalls stört, ist jede Form von Ungerechtigkeit. Wieso hat Felix die gleiche Punktzahl wie ich, aber trotzdem eine bessere Note? Wieso ruft mich der Lehrer nie auf, aber Lisa muss nur den kleinen Finger hochrecken und schon kommt sie dran. Vielleicht beschweren sich die Kinder heute auch schneller als früher. Und das ist gut so: Wenn die Schülerinnen und Schüler gegen Ungerechtigkeit aufbegehren, ihre Meinung vertreten, sich nicht alles gefallen lassen, stellt das eigentlich auch den Schulen ein gutes Zeugnis aus.

Viele Schüler geben zu, es sei wichtig, dass man etwas lerne. Und das sagen sie nicht nur, weil sie von den Eltern ferngesteuert werden. Sie ahnen selber, wie viel Wissen bedeutet. Sie setzen aber auch hinzu, dass sie gerne zur Schule gehen, dafür könne die Schule eigentlich nichts. Sie wollen nämlich in der Schule vor allem ihre Freunde treffen. Aber könnten sie das nicht genauso gut außerhalb der Schule? So gesehen ist das auch ein verstecktes Lob für die Schule. Und spätestens in den Ferien geht es den Kindern ja ähnlich wie den Rentnern. Die nämlich vermissen ihre Arbeit und ihre Kollegen ebenfalls schmerzlich.

Wenn jemand sagt, er gehe gerne zur Schule, setzt er sich sofort dem Vorwurf aus, ein Streber zu sein. Gegen die Schule zu schimpfen ist verlockender als zu überlegen, warum die Zustände angeblich so mies sind und was man dagegen unternehmen kann. Lieber sich in die große Herde der Schimpfenden eingemeinden. Schließlich wird überall geschimpft, es geht gegen das Wetter los und endet bei der Arbeit. Wer gibt schon zu, dass er gern arbeitet? Wer so etwas sagt, ist verdächtig. Und Kinder wollen in der Regel nicht auffallen, schon gar nicht mit einer so abwegigen Meinung wie »Schule macht Spaß«.

Mittlerweile sind zwar mehr als die Hälfte der Abiturienten in Deutschland Mädchen. Bei den Professorinnen ist von diesem Vorsprung jedoch nichts mehr zu sehen. Unter zehn Hochschullehrern gibt es nur jeweils eine Frau.

Warum ist die Schule ein Ort des Vergessens?

Die Schule ist also ein Ort, an dem man mehr lernen kann als bei Vater und Mutter. Ein Ort, der außerhalb der eigenen Lebenswelt liegt. Die Schule darf deshalb nicht allzu viel zu tun haben mit dem eigenen Alltag. Es gab Versuche, den Unterricht näher ans Leben heranzurücken. Man erfand sogar Industrie- oder Arbeitsschulen. Die nützten aber meist nur den Fabrikanten oder dem Staat. Die Kinder lernten gerade so viel, wie sie zur Fabrikarbeit benötigten. Lernen, so sagt der Pädagogik-Professor, benötigt einen gewissen Abstand zur Arbeit. Lernen braucht Freiräume, in denen sich Talente finden und ausbilden lassen.

Aber genau darin steckt ein Problem, das jeder Schüler kennt: Was nützen einem die Geschichten von toten Römern? Warum muss man Grammatik pauken? Was bringen die blöden Gedichte um Liebe und Landschaften? Warum lernt man nicht praktische, sinnvolle oder lustige Sachen, etwa die Hits aus dem Radio auswendig, wie man Baumhäuser baut oder Datenbanken knackt?

Was Lebensferne und Lebensnähe angeht, ist die Schule auf einem Schlingerkurs. Mal steuert sie mehr die Theorie an, mal die Praxis. Zurzeit will sie sich, so beobachtet es der Pädagogik-Professor, wieder eher auf einen praktischeren Kurs bringen. Also wird über-

SITZENBLEIBEN LOHNT SICH NICHT

Mittlerweile wird auch über den Sinn des Sitzenbleibens nachgedacht. Es solle abgeschafft werden, fordern manche Bildungspolitiker. Jahr für Jahr drehen in Deutschland 250.000 Schüler eine Ehrenrunde. Die Wiederholung des Schuljahres führt jedoch oft nur zum inneren Abschalten im Unterricht. Erfolgreicher sind Sitzenbleiber im Wiederholungsjahr jedenfalls nicht.

legt, ob man nicht Ballast abwerfen kann. Die Lehrpläne – also eine Art Stundenplan für Lehrer, auf denen steht, welche Themen sie mit den Schülern durchnehmen sollen – enthalten zu viel Gerümpel. Denn wie viel von

HASSFACH MATHE

Niemand würde von sich sagen: Ich bin dumm. Aber viele geben zu, dass sie mit Mathematik nichts anfangen können. Zehn Jahre nach dem Abitur können auch ehemals gute Mathe-Schüler kaum noch die Aufgaben der neunten Klasse lösen. Das Problem an der Mathematik ist, dass man nur einen winzig kleinen Teil der erlernten Formeln im späteren Leben braucht, den Rest vergisst man ganz schnell wieder. Ein Drittel der Deutschen, dies ergab eine Umfrage, wissen nicht, was 40 Prozent bedeutet. Manche sagten »ein Viertel«, andere »jeder Vierzigste«.

der höheren Mathematik braucht man schon fürs Leben? Schließlich will nicht jeder später einmal Raketen bauen. Seit Pippi Langstrumpf und ihren Erlebnissen mit der Plutimikation kann man ja sogar diskutieren, ob es überhaupt nötig ist, die Multiplikation zu lernen, um im Leben bestehen zu können. Aber ernsthaft wird wohl niemand trotz aller

> **WIE LANGE DAUERT DIE SCHULE?**
>
> In vielen europäischen Ländern dauert die Schule über den Morgen hinaus. In England kommen die Schüler nicht vor 16 Uhr nach Hause, dann müssen sie auch noch Hausaufgaben machen. In Finnland ist zwischen 5 und 8 Stunden Schule, in Frankreich und Belgien endet die Schule auch gegen 16 Uhr, in Spanien ist dreimal die Woche um 14 Uhr und zweimal um 17.30 Uhr Schluss.

Taschenrechner die Multiplikation abschaffen wollen.

Aber sosehr man die Schule auch entrümpelt und so viel man über Bord wirft, es ändert nichts daran, dass man in ihr eine gewisse Vorratshaltung betreiben wird. Manches muss eben für die hohe Kante gemacht und gedacht werden. Obwohl der Unterricht schon so vollgestopft ist, kommen immer neue Anforderungen auf ihn zu. Die Schule soll ein Tausendsassa sein, sie soll alles schaffen. Von Anfang an war sie ja dazu da, den Kindern etwas beizubringen, was die Eltern nicht wissen oder können. Aber sie kann nicht alle Lü-

cken füllen. Wenn die Kinder in ihrem Elternhaus kaum mehr erzogen werden, kann
die Schule das nicht komplett übernehmen.
Aber auch die Reihe der kleineren Ansprü-
che, an denen sie bisher scheiterte, ist lang:
Nachdem das Telefon erfunden worden war,
sollte sie die Schüler mit der Benutzung die-

ses Apparates vertraut machen. Nachdem das
Fernsehen erfun-den worden war, sollte sie
ihnen den sparsamen Fernsehgebrauch bei-
bringen. Gerade ist viel von Computerunter-
richt die Rede. Vor einiger Zeit war sogar die
Rede davon, dass man Tamagotchis in den
Unterricht einbauen sollte. Zum Glück ist die

Schule so langsam, sonst müsste sie auf jeden Quatsch eingehen. Biologie und andere Fächer blieben also von den elektronischen Plagegeistern verschont. Und wer erinnert sich heute noch an Tamagotchis?

Ist die Ganztagsschule eine neue Grausamkeit?

In den meisten Ländern gibt es Ganztags-schulen. In Deutschland sind sie die große Ausnahme. Und in Deutschland landen die Gespräche über Ganztagsschulen ganz schnell beim Mittagstisch und der bangen Frage der Eltern, wie denn das Mittagessen für die Kin-der in einer Ganztagsschule gewährleistet werden kann. Dass die Schüler aus der der-zeitigen Schule oft erst gegen halb zwei Uhr ausgehungert nach Hause wanken, scheint dagegen niemanden groß aufzuregen.

Die meisten Schüler verdrehen die Augen, wenn sie nur das Wort Ganztagsschule hören. Sie fürchten, die bisherige Sechs-Stunden-Qual würde noch um zwei Stunden verlän-gert. Doch in der jetzigen Halbtagsschule mit ihrem sechsmal 45-Minuten-Takt sitzt ein Wurm, den man gar nicht erst in die Ganz-tagsschule hineinlassen sollte. Dieser aber-witzige Lerntakt und Stoffwechsel wider-spricht nämlich allem, was Wissenschaftler wie Professor Grunder über Lernen wissen. Es fängt schon mit der Frage an: Warum muss Schule vor acht Uhr beginnen? Angeblich soll die frühe Stunde die beste Zeit zum Lernen sein. Aber wer wann wie lernt, das ist von Mensch zu Mensch verschieden. In keinem Schulgesetz steht, dass die Schule mittags enden muss oder sechs Unterrichtsstunden aufeinander folgen sollten. Die Schulen könnten viel freier mit ihren Stundenplänen umgehen. Sie könnten viel Hohlstunden-Zeit zwischen den Fächern lassen, sie könnten vier Stunden Deutsch hintereinander geben, dann eine Sport-AG oder Eigeninitiative von Gruppen fördern. Die lästigen Hausaufgaben könnten betreut in der Schule gemacht werden.

Von all dem und von kleineren oder altersge-
mischten Klassen kann man hier bis auf we-
nige Ausnahmeschulen vorerst jedoch nur
träumen.

SCHULE SCHAFFT LEHRER

Nicht nur die Schüler, auch die Lehrer leiden unter der Schule. In den letzten Jahren spricht man
von einer Berufskrankheit, dem Burn-out-Syndrom.
Jemand ist »ausgebrannt«. Mit Burn-out ist ein Zu-
stand völliger Erschöpfung gemeint. Es gibt ihn
auch in anderen Berufen. Was macht die Lehrer dafür besonders anfällig? Es sind die immer größeren
Klassen, der wachsende Druck von außen, zum
Beispiel durch die Eltern, und die Angst zu ver-
sagen.

Wenn Hans-Ulrich Grunder sich fragt,
wem die jetzige Halbtagsschule eigentlich
nützt, dann findet er nur eine Antwort: vor
allem den Lehrern. Sie halten den Unterricht
hintereinander am Stück weg und können
wieder nach Hause gehen. Außerhalb des
Unterrichts sind sie fast nie in der Schule an-
zutreffen. Das wäre an einer Ganztagsschule

DIE BESTE SCHULE

**Die Schüler der Sekundarschule Voionmaa in Jyväsky-
lä in Finnland erreichten in der PISA-Studie unter
Schulen in 32 Ländern die besten Noten. In dieser
Schule schreibt jeder Schüler jedes Jahr einen Bericht
über sich selbst, beschreibt darin, worin er gut ist oder
sich schwach fühlt und wie er seine Lehrer findet.
Wenn die Schüler Lernprobleme haben, gehen sie vor-
übergehend in »Kliniken« – so heißen kleine Klassen.
Das Schuljahr gliedert sich in sechs Perioden zu sechs
Wochen aus wechselnden Fächern mit je sechs Wo-
chenstunden.**

anders, da stehen die Lehrer nicht nur im
Klassenzimmer, sondern bereiten den Unterricht ebenfalls in der Schule vor. Sie sind
ganztägig für die Schüler da.

Zwar sind die meisten Lehrer von der Idee
einer Ganztagsschule nicht begeistert, aber
vielleicht würde es auch ihnen in so einer
Schule besser gehen. Diese Schule könnte ein
persönlicheres Verhältnis zu den Schülern
fördern, auch mehr Diskussionen und Aus-
tausch unter den Kollegen anregen. Vielleicht
haben die Lehrer dann ja auch weniger mit

der Vorbereitung des Unterrichtsstoffes zu tun, sie könnten gemeinsam über neue Methoden nachdenken, Schüler selber auf Stoffsammlung schicken. Sie müssten auch nicht so von einer Stunde und einer Klasse in die nächste hasten. Und schließlich tut es den meisten Menschen gut, wenn der Alltagstrott und die Routine durchbrochen werden. Aufbruch wirkt erfrischend und belebend. Und außerdem muss die Ganztagsschule nicht neu erfunden werden, Modelle dafür gibt es in Hülle und Fülle, nicht zuletzt in England oder Skandinavien.

Was kann man sich für die Schule kaufen?

So eine Schule ist nicht billig. Schließlich bekommen die Lehrer, der Hausmeister und die Sekretärinnen ihre Gehälter. Und auch die Putzfrauen, die nach Schulschluss alles wieder schön sauber machen. Die Schulgebäude sind auch nicht zum Spottpreis zu haben, und selbst die hässlichsten Schulmöbel, die schlimmsten Turngeräte und langweiligsten Schulbücher kosten Geld. Und wenn sie eine Weile von Kindern benutzt und bearbeitet worden sind, kosten sie noch mal. Dann müssen sie nämlich für viel Geld wieder hergerichtet oder neu angeschafft werden. Wenn nicht der Staat das alles bezahlen würde, sondern jedes Kind oder seine Eltern das Geld selber aufbringen müssten, wären für ein Grundschulkind knapp 300 Euro im Monat zu zahlen, ähnlich dem Preis für ein schönes Kinderfahrrad. Verglichen mit den Summen für Privatschulen, ist das noch wenig. Wenn man allerdings die gesamte Schulverwaltung, nicht nur am Wohnort, sondern auch im Bundesland und in ganz Deutschland, bis hin zu dem für die Schulen zuständigen Minister hinzurechnen würde, müssten die Eltern auch für die staatlichen Schulen viel höhere Beträge aufbringen.

SCHUL-WUNSCHZETTEL

Von achthundert Kindern, die die Kinder-Uni-Vorlesung über die Schule besuchten, nahmen knapp fünfhundert an einer schriftlichen Umfrage teil. Gefragt war nach den Wünschen an die Schule. Man konnte mehrere nennen. Ganz oben stand für die Kinder »weniger Hausaufgaben«, dann »mehr Ferien, mehr Freizeit, kürzere Schule«, »bessere, liebere, nettere Lehrer», »mehr Spaß«, »mehr Sport«, »längere Pausen« und »bessere Pausenhofgestaltung«.

Kann man nicht wenigstens die schlechten Noten abschaffen?

Es gibt Erziehungswissenschaftler, die vertreten eine unerhörte Meinung, etwas wovon viele Kinder träumen. Hans-Ulrich Grunder gehört dazu, er sagt nämlich: Wenn man die Noten abschaffen würde, würde sich gar nicht so viel ändern in der Schule.

Man hat in anderen Ländern auch schon damit angefangen. Die finnischen Lehrer geben erst ab der siebten Klasse Noten, und trotzdem ist dort noch nicht das Chaos ausgebrochen. In Deutschland denkt man immer gleich, ohne Noten liefe nichts. Als würden die Schüler dann sofort das Denken einstel-

len. Dabei wollen Kinder auch von sich aus etwas leisten, sie wollen Leistung bringen. Aber das hat mit Noten nichts zu tun. Noten sind ungerecht, sie vereinfachen. Grunder fände es besser, wenn die Lehrer Beurteilungen für jeden einzelnen Schüler schrieben. Da

könnte zum Beispiel drinstehen, dass Olaf sich im Vergleich zum letzten Jahr verbessert oder dass er in Englisch nachgelassen hat, weil er keine Vokabeln lernt. Solche Beurteilungen sagen mehr als eine Drei oder eine Vier.

Ja, und wenn dann das Schulende naht? Dann kehrt man doch wohl oder übel zum alten Notenmodell zurück, und das trifft die Schüler dann umso härter. Plötzlich steht ein

Fünfer da, wo vorher mit freundlichen Worten ein paar Mängel umschrieben wurden. Vielleicht steht da aber auch: Max hat unter zwanzig 15-Jährigen in Mathe den 15. Platz belegt. Er hat 58 Prozent der Lernziele erreicht, und das entspricht einer Vier. So etwas wäre denkbar, aber man könnte noch weiter gehen. Nicht einmal zum Schulabschluss müssten Noten sein. Selbst Abgangszeugnisse sind ersetzbar. Durch eine Mappe voller Arbeitsproben. Die enthält ausgesuchtes Material aus der Schulzeit: einen Aufsatz, Berechnungen, eine Bewertung des Arbeitsstils, eine handwerkliche Probe. Das ähnelt übrigens den Bewerbungsmappen, die man später nach der Berufsausbildung oder dem Studium zusammenstellt. Die ersten großen Firmen kommen langsam dahinter, dass sie auf diese Weise mehr über die Bewerber erfahren und außerdem die Zeit sparen, die sie sonst für Gespräche und Tests bräuchten. Die achten nämlich nicht alle nur auf Einser-Schüler, sondern gucken auch darauf, wer auf welche Stelle passt.

Wenn die Noten abgeschafft würden, würde bei den Schülern nicht die große Faulheit ausbrechen. Vielleicht würden sie sogar fleißiger, weil sie merken, dass Lernen Spaß machen kann. Und dass die Schule gar nicht so doof ist.

Denn eigentlich ist die Schule eine tolle Erfindung, ein Erfolgsmodell, das sich weltweit durchgesetzt hat. Die Frage, warum Schule doof ist, ist falsch gestellt. Schule an sich ist

überhaupt nicht doof. Und keineswegs von Erwachsenen nur ausgedacht, um Kinder zu stressen. Allerdings sind manche Schulen besser und andere schlechter, das hängt ganz vom Unterricht der einzelnen Lehrer ab, oder davon, wie vollgestopft die Klassen sind und wie die Stundenpläne aussehen. In dieser Beziehung lässt die deutsche Schule sehr viel zu wünschen übrig. Die Halbtagsschule, wie sie in Deutschland üblich ist, ist wirklich doof.

Der Erziehungswissenschaftler

Wenn ein Erziehungswissenschaftler die Schule kritisiert, ist das weniger leicht von der Tafel zu wischen als das übliche Schüler-Gemaule. Professor Hans-Ulrich Grunder gibt der deutschen Normalschule nicht erst seit den Ergebnissen der PISA-Studie schlechte

Noten, schon lange vorher hatte er ihre Mängel erkannt. Professor Grunder ist der wissenschaftliche Berater dieses Beitrags. Als Jugendlicher war er selber auch kein begeisterter Schüler.

Hans-Ulrich Grunder, der in der Schweiz geboren und aufgewachsen ist, hat das Lernen anfangs großen Spaß gemacht. Als Kind ging er gern in die Schule. In der siebten Klasse änderte sich das, von da an fand er Schule doof. Und so baute er nach und nach ab und wäre beinahe mit vier Ungenügend durchs Abitur gefallen. Als guter Prüfungstyp schaffte er es aber doch noch mit einer Punktezahl, an die keiner auch nur im Traum gedacht hätte. Aus seiner früheren Klasse sind zwei Schüler später Professor geworden: der Klassenbeste und der Klassenschlechteste – nämlich er.

Erziehung – eine Wissenschaft? Jeder kann doch Mutter oder Vater werden, ohne auch nur einen Gedanken auf die Erziehung der Kinder zu verschwenden. Gut, die meisten machen sich schon Gedanken darüber, was sie ihren Kinder erlauben und was sie ihnen verbieten sollen, was gut und was schlecht für sie ist. Den ganzen Tag mit Bergen von Chips vor der Glotze abzuhängen finden die meisten Eltern für ihre Kinder nicht besonders gut. Sie verhindern es also, indem sie es verbieten, bestimmte Fernsehregeln aufstellen oder mit den Kindern Zeiten aushandeln. So oder ähnlich oder ganz anders erziehen die Eltern die Kinder.

Die Erziehungswissenschaftler hingegen beobachten die verschiedenen Erziehungsmethoden und untersuchen deren Wirkung. Wenn ein Kind sich oft langweilt, wenig Interessen entwickelt und körperliche Anstrengungen meidet, wird der Erziehungswissenschaftler vor einer weiteren Überfütterung des Kindes mit Fernsehen und Chips warnen und aktivere Freizeitbeschäftigungen empfehlen. Erziehungswissenschaftler sind aber nicht nur Berater der Eltern, sie sind genauso Berater für Lehrer oder Erzieher, und sie entwickeln spezielle Lernmethoden für Erwachsene, denn die tun sich mit dem Lernen viel schwerer als die Kinder.

Nach der Schule war Hans-Ulrich Grunder vor allem klar, was er nicht werden wollte: weder Sprachwissenschaftler noch Arzt oder Ingenieur. Er entschied sich ausgerechnet für die Fächer, die er in der Schule am wenigsten beherrscht hatte, und begann also, Mathematik, Chemie und Physik zu studieren. Zunächst mit mäßigem Erfolg, und somit war klar, dass er keinen Diplom-, sondern einen Lehramtsabschluss machen musste. Er besuchte die Vorlesungen eines Professors, der Religionspädagoge war, also an der Universität Religionslehrer ausbildete. Das war seine erste Begegnung mit der Erziehungswissenschaft, und die gab seiner Ausbildung eine neue Wendung.

Schon während des Studiums gründete er mit anderen zusammen eine neue Schule. Heute gibt es sie nicht mehr. Sie hieß Freie Volksschule Bern. In dieser Schule wurden die Kinder nicht in die üblichen Klassen eingeteilt, sondern in drei Jahrgängen zusammen unterrichtet. Es gab auch keine frühe Einteilung in verschiedene Schultypen. Die Kinder hatten mehr Zeit, sich zu entwickeln, und lernten trotz unterschiedlicher Begabungen miteinander.

Während seiner Lehrerzeit begann Grunder ein zweites Studium, diesmal Journalismus, Ethnologie (Völkerkunde) und Pädagogik. Und weil er von dem, was er da lernte, so überzeugt war, ging nun alles sehr schnell: Mit 38 Jahren war er Professor für Erziehungswissenschaft.

Lesen und Seminare oder Vorlesungen vorbereiten sind die Hauptbeschäftigungen eines Pädagogik-Professors. Während des Semesters, also wenn der Unibetrieb läuft, hält er pro Woche acht Stunden Vorlesungen und Seminare, berät Studenten, betreut ihre Abschlussarbeiten und nimmt Prüfungen ab. Er bildet aber auch Lehrer aus, reist viel herum und hält Vorträge.

Ulla Steuernagel, geboren 1954, und **Ulrich Janßen,** geboren 1959, sind Redakteure beim »Schwäbischen Tagblatt« in Tübingen und Erfinder der Kinder-Uni. »Die Kinder-Uni« wurde ausgezeichnet mit dem Corine Buchpreis 2004, als eines der »schönsten deutschen Bücher 2003«, als »Wissenschaftsbuch des Jahres 2003«, war »Buch des Monats« und zählt zu den »besten Büchern für junge Leser«. Im Jahr 2005 wurde die Kinder-Uni mit dem Descartes-Preis ausgezeichnet, der wichtigsten Auszeichnung für wissenschaftliche Projekte, die die Europäische Union zu vergeben hat. Mittlerweile ist »Die Kinder-Uni« in 15 Sprachen übersetzt, zweimal sogar ins Chinesische.

Klaus Ensikat, geboren 1937, gilt als »ungekrönter König der Buchillustratoren«. Von 1995 bis 2002 unterrichtete er an der Fachhochschule für Gestaltung in Hamburg. Er hat der »Kinder-Uni« ihr unverwechselbares Gesicht gegeben.

Die **Kinder-Uni** entstand aus einer gemeinsamen
Initiative des Schwäbischen Tagblatts und der
Eberhard Karls Universität Tübingen.

Einmalige Sonderausgabe anläßlich des
175 jährigen Bestehens der DVA

Bibliografische Information Der Deutschen Bibliothek
Die Deutsche Bibliothek verzeichnet diese Publikation
in der Deutschen Nationalbibliografie; detaillierte
bibliografische Daten sind im Internet über
<http://dnb.ddb.de> abrufbar.

Copyright © 2006 Deutsche Verlags-Anstalt, München
in der Verlagsgruppe Random House GmbH
Alle Rechte vorbehalten
Gestaltung und Satz: Verlagsservice Rau, München
Umschlaggestaltung: Berndt & Fischer, Berlin
Reproduktionen: Repro Ludwig, Zell am See
Druck: Jütte-Messedruck GmbH, Leipzig
Bindung: Kunst- und Verlagsbuchbinderei GmbH, Leipzig
Printed in Germany
ISBN 10: 3-421-04247-0
ISBN 13: 978-3-421-04247-7
www.dva.de